AF275661

DIARIO DE LAS DOS VECES

DIARIO DE LAS DOS VECES

Juliana Enciso

Valparaíso
EDICIONES

Número 381 de la Colección VALPARAÍSO DE POESÍA
dirigida por FEDERICO DÍAZ-GRANADOS

Diseño y maquetación: Chari Nogales
www.charinogales.com *@chari_nogales*

Primera edición: enero de 2024

© De los poemas: Juliana Enciso
© Valparaíso Ediciones

C/ Fray Leopoldo, 7 Bajo 18014 Granada
www.valparaisoediciones.es
ISBN: 978-84-10073-12-8
Depósito Legal: GR 1908-2023

Impreso en España - *Printed in Spain*
Gráficas Gami

Cualquier forma de reproducción, distribución, comunicación pública o
transformación de esta obra solo puede ser realizada con la autorización
de sus titulares, salvo excepción prevista por la ley. Diríjase a CEDRO
(Centro Español de Derechos Reprográficos) si necesita fotocopiar o es-
canear algún fragmento de esta obra (www.conlicencia.com; 917021970
/ 932720445)

El papel utilizado para la impresión de este libro está calificado como papel ecológico
y procede de bosques gestionados de manera sostenible.

Vamos de un país a otro
sin volver a casa
y sentimos que somos
dos veces extranjeros.

CATALINA GONZÁLEZ RESTREPO

I

ESCRITO EN PAPEL DE EMBALAJE

ALIEN

En las ventanillas de las fronteras
How long are you planning to stay?
Where are you staying?

Me convierto en una hablante sospechosa
en el turno blanco
del no entendimiento
y la angustia de entender

semejante a la tarea de penetrar
una membrana con un lápiz
o de traducir mi sed al inglés

LO QUE OBSERVAMOS LAS EXTRANJERAS

Al cruzar la puerta del café,
esa mujer con las huellas de su vestido
fue la última brisa del otoño en su desmán

En el aire quedó su olor austero
enfermo de permanencia

El efluvio tedioso de las temerosas
a deshojarse
pasional
desmedida
tropicalmente
en la profundidad de sus cuevas

GOODWILL

¿Qué opina usted de nosotras las que somos A
como el sabio abecedario de los avestruces?
PATY BLAKE

Reciclar palabras en buena condición
otras veces rotas, descascaradas
con recibos de amor en los bolsillos

> *Quarters for the laundrimatic*
> *Gimme a pop*
> *Play be heart and don't be late*

Carne blanda de molusco
apilo extranjero mi esqueleto

Con mi carrito con tics de aluminio
rebusco en los estantes
cerrar un *thank you*
sin un *you're welcome*

Hoy es día de descuento
en la sección de expresiones
para las fiestas con desconocidos

Ninguno de los chicos celestes
me pregunta cuál es mi insistencia
secretar una lengua propia
con un idioma prestado

13

Me pruebo con gran esfuerzo
through, thought, throughout, tough
hay palabras que me transforman
en charco dentro de mi propia boca

Anybody, nobody, alien, wetback,
excuse me?
Hay otras que me exprimen el corazón
como un tomate fresco en prensa

Lenta, sobreviviente a las fronteras,
a la evolución y a ciertas especies
zurzo las oraciones que compré
al *70% off* anoche

Mi esperanza tiene la forma de la
primera persona con *A*
    Spanglish, español
    hembra mutada como la voz

LA CLANDESTINIDAD EN LOS SUPERMERCADOS

Para ellos tu inglés suena engorroso.
Como cristales rotos, como melodías extranjeras,
como piezas de rompecabezas que faltan.
AISHA RIVERA

Tú me miras con tus As
abiertas, asombradas
yo te respondo con mis
erres raspadas y recíprocas
mientras pago
con timideces metálicas
mi tributo a nuestro
reconocimiento

Debajo del
How can I help you?
intercambiamos pases
de la misma logia
somos los contrabandistas
de pieles arcoíris y disfraces marrones

Clandestinos en nuestro acento
hacemos intercambios en el mostrador
caballitos, cucayos y guayaberas
vienen con los 50 centavos de cambio

Somos dos ilegales lingüísticos
hablándonos por los bordes
de la caja registradora

Somos dos infractores
con el sol todavía en las uñas
comunicándonos con la lengua
hermosamente tibia
de los cristales rotos

CAMINATA DE OTOÑO

A falta de
                    [ginkgos]
para honrar a los mayores
o
                    [cipreses]
para rastrear los cuervos
quedan los
                    [olmos]
con su fidelidad
al cielo blanco de noviembre

La primera nevada cae
y las memorias del
                    [saúco]
bronquio líquido de parque
se derriten en mis mejillas

LOS ACENTOS DEL 71 D

1

Los sicomoros flotan en el cielo de octubre

El mundo es una cápsula de aceite
suspendida en el gris primigenio

En la ventana del 71 D mis consonantes
suben y bajan
suben y bajan
dentro de la rejilla
de mi córnea melancólica

Mis manos sudorosas
de-le-trean
en Caribe
en chasquido de eucaliptos
de los Andes

2

El transporte en largos invernaderos
next stop Forbes and 5th Avenue
es mi santuario

El mundo solo pasa por la visión
del primer idioma

Afuera
vowels
dropping words
agua sobre el aceite
de la traducción

3

Desde mi español
oigo a los pasajeros
tejer aldeas en el fuelle
escucho su morse
rebotando contra el piso
de este tambor de tiempo

Ellos también ven sus consonantes
subir y bajar
subir y bajar
dentro de las rejillas del 71 D
  Nuestras lenguas
  son ilusiones ópticas
  cartulina negra

4

Sin *birds or traffic lights*
mi espectáculo
es dejar pasar los caballitos de mi sonido
    "¡Anda!, hay que comprar vino
    cocinaré las zanahorias
    doblaré la ropa"

5

Halo el cordón
next stop Highland Avenue and Hamilton
"Thank you, have a good one"
Cada noche
enrosco mi español talismán
español-maríamulata
en el bolsillo de mi abrigo

6

Las llaves reniegan dentro del tazón de porcelana
No más *sorry excuse me what I was sayiiing?*
Azul, ámbar, naranja, violeta
los acentos flotan
sobre la noche miope
de mi cocina

UN GEMIDO PARA HALLAR LA LUZ

La extranjería es una travesía en el estómago del silencio
el grito de una moneda de 25 centavos
el miedo a pedir cambio a un extraño
el pudor entre un bordillo y mirar al conductor del bus

No debería avergonzarme
toda lengua es un gemido para hallar la luz

HAMBRE

Hoy tengo el hambre de los animales solos
el arrepentimiento de las bulímicas
la sed de las mujeres en abstinencia

Hoy tengo el desierto en las cutículas
el invierno en mis cabellos

Cargo en el útero
con la pesadez del solsticio de las brujas
y el cansancio de los pasajeros del bus
cuando no han sido indultados por la noche

Hoy soy el mapa y los caminos de la estepa
mis pómulos son la tierra y la mirada
de la que se lamenta por la larga jornada que le aguarda

> [Soy el reptil y la tierra tibia de la nostalgia
> por donde repto]

Hoy soy una mujer solitaria
con un tazón de cereal en el regazo
y la mirada engastada en el techo

Hoy soy la mujer sin lágrimas
que tiene dolor de estómago
y las encías inflamadas
de tanto mascar besos vencidos

Hoy soy una mujer del ecuador
que mira por la ventana la negra tarde
soy la sin raíz
la que extraña
la taza de chocolate y los pies abrigados
de los que duermen en compañía

EN BLANCO

El parque está en blanco
y los árboles como lápices filosos
apuntan a la hoja sin respuesta del cielo

Indiferente
los veo desde la tibieza aletargante
de la ventana de mi cubículo

A 3500 kilómetros de casa
yo tampoco tengo respuestas

El invierno llegó a mí
mucho antes que la nieve

LA PASAJERA DEL 71B

Tiene al mar de Melville en los ojos
y el salitre de los pescadores
de cangrejos reales en la quijada

Su boca es húmeda
como los prepucios esbozados por
Henry Miller
y lábil con las obscenidades
que masculla a los cadetes veteranos
que se sientan adelante

Carga su propia tormenta
de tardes tibias y hojas confusas en la cabellera

Le gusta sentarse con los viejos, cojos y ciegos
en el bus cada mañana

Departe con ellos en su aislamiento
sobre las memorias de Vietnam
los recuerdos de Afganistán
sus posibles vidas si hubiesen aceptado
la beca
a la mujer extranjera
el empleo en Texas

Los escucha
les riega el café en los pantalones
 y se larga

Le gusta
en medio del enjambre de estudiantes
con bufandas altas y gafas nubladas
tocar a Paul Simon en el aire

La locura
la que se monta en el 71 D
huele a invierno en mayo
y hiede a verano en diciembre

PALEONTOLOGÍA DE LAS EMOCIONES

Hablábamos de los animales
en nuestros museos de Historia Natural

Los tuyos eran peludos como toboganes
puentes elevadizos para ardillas en la avenida Forbes

Los míos eran espigados, huellas pleistocenas,
en lo hondo de las baldosas de un convento agustino

A los tuyos les llamabas tarde con mi tía Anne
hija y diplodocus de felpa
abuelo y su queso avinagrado de la Gran Depresión

A los míos les llamaba Renault 4
Piedras de Tunja
cometa enredada en flacos eucaliptos
papá y mamá en camisas de cuadros

La prehistoria de nuestro origen
difiere en el viento frio y el domingo

En la porosidad de la médula de nuestros objetos
sagrados

LA CURTIEMBRE DE LAS CATEDRALES

Con el transcurrir de los años
aprendí el arenoso masticar de palabras
sin ninguna empatía

Me hice maestra en el añejamiento de odios
administradora del asco
en los espejos de los baños
inmune a la suciedad del microondas
al café envejecido que ya no sabe ni a esperanza

A miles de kilómetros de "casa",
entendí la universalidad de la miseria de las oficinas
la tarea de conjurar paraísos *IKEA*
en cubículos ocre

DESARRAIGO

La comodidad de ser nadie

Con mi abrigo de mañana de febrero
me camuflo entre las fachadas de piedra
y los números de bronce

Mi plan consiste en salir una mañana sin gorro
perder mi nacionalidad como se pierde un lóbulo
 o un bucle de pelo
                    [*Primero una tumba en Colombia*
                    que una cárcel en Estados Unidos]
Mi horror a ser alguien

Las vigas del Clemente Bridge deletrean
mis apellidos contra la loza del invierno

LOS TIEMPOS CAMBIAN, *SWEETHEART*

La última vez que vi el retrato de mis padres
estaba envuelto en plástico de burbujas

La bicicleta roja, el masajeador de pies
las sábanas sudadas por las polillas
tienen las inscripciones de un mundo extinto
      español en sharpy negro *without any flaws*

Envié a esa casa con guaduas y heliconias
macetas para los geranios y treinta cajas sin código postal

To where I am really
                  coming back?

Los sueños también mutan
cómo la canción de los mandarinos
trasplantados en macetas plásticas

PLANES DE REGRESO CON A.E. STALLING

Me digo una caja más
otro envío con pedazos de mi piel
la casa en la que invertí
mi último diente
me recibirá como
lo hacen los patios
con los árboles de almendro
me acodará como lo hacen
las madres en el pueblo de la infancia

Entonces A.E Stalling
en la pared del estudio me recuerda:

We're here for the time being
I answer to the query
Just for a couple years back.
Nothing is more permanent than
The temporary

Con mis cajas desempacadas a medias
con la tetera hermosa
en su papel de embalar
con el morral
listo en la puerta del armario

No hay donde regresar

Soy nacional
de un país impermanente

II

TRANSICIONES

BUNKER STREET

La primera foto de mi última espalda

Ventanales enormes
los sicomoros se estiraban con los pinos

Todo estaba disperso sobre el suelo
las despedidas el colchón y el vaso
la primera botella de vino

Elegí la amnesia
las deudas a estatuas volcánicas
las cajas selladas detrás de la puerta

WERNERBERG WAY

Los siete gatos de los que fui madrastra

El espejo sin pared heredado en un bingo
una tina con pelos y tinturas
de mis reencarnaciones previas

Había en las fosas de su calefacción
uñas de mis ancestros de aeropuerto

Con mala digestión tenía el aliento
de las bolsas de reciclaje para el martes

CONCORD STREET

Lana, fieltro, paja, tela, acrílico
el ático era un bosque de sombreros
con neuronas saltando como monos

De su rigidez de tres plantas
me llevé el Monongahela
de los junkies del frente
hay manchas de pintura
sobre pisos de roble
que son crímenes pasionales

Todavía sueño en tagalog
me dicen que son los espíritus
de los cazadores de trofeos
en noches donde todavía hierve el plomo

BEACHWOOD BOULEVARD

Las cicatrices luminosas en la piel

El vacío brilla más que el anhelo
blanco polar, blanco gris
mugre en cuadro telarañas en marco hondo

Mi huella pasional es cinta pegante
con ganchos Scott 3M en los estudios

Recordar es un tarro de latón en las piernas
los tiquetes de estaciones felices
y postales a 4 dólares en el museo

Por cada casa que he dejado
hay un camión de la mudanza
llevando un quelonio diferente

III

TODO ESO PEGADO A MI CUERPO

EL AFILADO REGRESO

Quito las plumas de golero de la cama
saco los girones de malas noches del escaparate

Me siento en un borde de la tiniebla
y aspiro uno que otro quejido
atrapado en el aire

Esta angustia fue tiempo y huele a cal
aliso lo indecible
hago caminos en el polvo

Desempaco y me acomodo
en las costillas de mi primera infelicidad

MUGRE

La ropa sin lavar de mi madre
sigue colgada sobre los postigos de las ventanas

Noche siempre en desacuerdo con la mañana

FIAT BLANCO 147

No puedo recobrar a mi padre en su Fiat 147

Su ternura en capas de harina en una esquina de la 28
la casa de Rojas Pinilla en la 37
el Barrio Santafé y su León de Greiff sin demoler

Mi padre y su dedo de lluvia
su dedo de agua pegado a la ventana
Aquí jugó Boris contra la muerte me dijo
y nos infiltrábamos hondo por la vena de la Séptima
yo lo seguía delgada por el torrente de su memoria
sorbiendo chocolate, oliendo el pan fresco de las 5 de la
tarde

En su caja blanca con gotas de lluvia
mi papá veía salir mujeres con cisnes en sus cuellos
del Jorge Eliecer Gaitán

Me transmitía recuerdos calor de madre
las olas de su páramo por la frecuencia de su Fiat blanco
147

De su peinilla negra delgadísima
me quedaron los surcos de la curiosidad

Dónde habrá pegado sus carteles
con engrudo y *Pielrojas*
en qué parte de la ciudad

veía las huellas de su perro
cazador de cangrejos
sí el olor a las almojábanas
lo hacían sujetar mi mano
la de su hermana
cincuenta años atrás en Chapinero

No puedo recobrar a mi padre
ni siquiera hay fotos de su Fiat blanco
hueso médula enfisema 147

       [orines naranjas
       corrían por nuestras arterias hasta el rencor]

Salgo del hotel y vuelvo a él
Avenida Caracas
Avenida 72 Calle 63
próxima estación portal *Las Aguas*

y lo amo de nuevo como su hija única de paso

ZAZEN

En el Shokoda está escrito
que no debemos buscar las hojas, ni las ramas,
sino que debemos regresar a las raíces
R.T DESHIMARU

1

Me siento
¡Tum!
Tumtututum
Tam ¡Taj!
El dios iracundo ha llegado

La explosión empezará
en cualquier momento

Será cuando pregunte
si fue un buen día
si tiene hambre
si el silencio fue benevolente
durante su jornada

Los dioses
hombres feos con maquillaje extra
siempre castigan a las mortales
dice mi tía Melba
como los vientos de enero
las lluvias envidiosas de mayo
el sol energúmeno de agosto
el mar de leva en diciembre

2

Gritos, pedazos de niñas y pastoras pálidas
eclosionando contra el suelo
La deidad con rostro de jabalí ha bramado
en la silla del comedor su lava me calcina
soy una amante de Pompeya

3

En mi cabeza, Madre me dice
con sus ojos morados

Mira a Ovidio Nasón
mira a los aztecas
calmando al corazón de la tierra

Mira a nuestros próceres
hombres fuertes, alimentados
con golpes de machete
y gritos de mujeres locas y tercas

La abuela trajo diez hijos
y cultivó próspera su casa
sobre las erupciones
del dios-abuelo

4

Es un fenómeno natural
me dice María José, la de mi infancia

La que cuece letanías a la virgen
con liposucciones

[lo natural]

¿Será posible
con los ojos como tubérculos
la boca húmeda como ciervo
moverse para esperar
la ira telúrica cada noche?

5

Si la vida es una hermosa
planta de albahaca florecida
una noche sin ocultar
la tela de los pensamientos
regresar a la boca del volcán es inmolarse

¡No! No todas podemos sentarnos
 y volver a la raíz

MI EXTRANJERÍA

Mi extranjería
es decir que volví a casa
sin poder compartir el silencio
como se intercambian los recuerdos
como se construye una terraza de hierba
un país de trapo en el patio

Mi extranjería
es tirar el vestido en el sofá
un grito blanco en una cocina sin calderos

LAS BALLENAS JOROBADAS

El viento frío contra la cara

La mañana blusa blanca
recién planchada en el muelle

La luz trenza vigas y mástiles en el agua
el Pacífico a las seis de la mañana
es un hilar de tiempo
el corte del diésel
como una píldora para dormir
con motor

10, 20, 100, 200, 300 nudos
cuento la distancia de la vigilia
con un quipu en la mano

Atrás queda la duermevela con los sargazos
y los troncos familiares recitándome
la baba salitrosa en la almohada

Atrás quedan
las facturas de oxígeno y fósforo
los volantes de grasa y pollo asado
el papel brilloso contra la luz blanquecina
de la adultez

Hacia estribor
el sueño es esta cobija azul con hilos plateados
y negros la franja
lima rosa, malva
el punto amarillo y las boyas rojas
la miniatura de Monterrey

Centenares de ojos blancos en el agua
he venido a creer en lo imposible
200 toneladas girando
sobre su espina rocosa en el aire
la gravedad es un puño en la mente del agua

Frente a la espuma de la proa
1000, 500, 200, 100 nudos de regreso
mi angustia es más ligera
que la isla en la que trago carbón
en el Sur de mi lucidez

Ojalá quitarme las legañas frente al Caribe
fuera este viento helado en las mejillas

PARA MATAR UNA MOSCA

Basta colocarle un paño encima
para que se quede sin aire
sin voz y se sofoque   [dicen]

Es día de scrabble
que el aire no se enrarezca
con voces innecesarias   [gritan]

Para matar a una mosca
no se necesita la fuerza sino paciencia

le quitas las alas
el peso de la carne
aquello que les da permiso
para creer que tienen esperanza

Mañana será otro día
habrá almuerzo con vino italiano
amigos hablando sobre sus últimos cruceros   [insistes]

Para matar una mosca hay que cerrar la ventana ignorar
el ruido de las masacres,
dar las gracias por el buen clima
y lo lindo de la playa

Trapearemos cuando la visita se vaya   [repites]
con agua de la vergüenza

sacaremos las lágrimas de nuestro pelo negro
y la piel de cobre que limpia tu cocina

Las moscas son testigos incómodos   [lloras]
no sea que su danza delate
lo que se apila debajo de nuestra mesa

FRONTERAS CERRADAS

¡Qué íbamos a saber mis amigos cazadores de palabras
    brillantes!
Mis enemigos alimentados con el miedo gemelo al
    regreso
nuestra ciudad de hierro tiene cintas amarillas en la reja

No habrá filas para un atardecer con cervezas compartidas
resentimientos viejos pegados a las suelas de los tenis

Nos queda la nostalgia naranja en la billetera
los atardeceres frente a ventanas con vista
a otras ventanas sin horizonte

ATRACADAS EN EL GRAN MAGDALENA

Nuestros cuellos con su nueva flora verde
ruedan hacia el Magdalena

Nowhere to go

Sujetas mi mano fuerte, le das golpecitos
y te sientas junto a mí en la terraza

Nuestro movimiento fue agua de otra era

EL CHALLENGER

1

Ayer vi el documental del *Challenger*.
Tenía 7 años y una agonía de apéndice cuando explotó
en el aire. Fue el tiempo en que el humo de los Papas no
electos irradiaba por las ventanas del Palacio de Justicia.
Palomas de barro contra las tanquetas y cascos verdes
en el televisor Toshiba de la sala. Omayra la niña con los
brazos afuera del barro, fue nuestra sobremesa después
del café con arepa y el cansancio de los adultos. Por tres
días con total cobertura de su llanto la niña de greda se
convirtió en estatua en el noticiero de las siete

2

Ayer vi el documental del *Challenger*.
En mi casa hasta el gato lloró lágrimas de domingo con
la mirada hacia el río.

La NASA lanzó sus astronautas contra cielo azul de
Cabo Cañaveral para verlos explotar como el hielo sobre
una fogata de keroseno. Y en mi casa lloraron por
siete desconocidos con uniforme celeste de los ochenta.
Porque había una profesora sonriente como un abeto,
un astronauta genio, negro de Carolina del Sur. Por un
japonés que cocinaba lechón como los puertorriqueños.
Por la pareja rubia reluciente con un lápiz debajo de
la lengua cuando decían *ashes*. Lloraron por los globos
reventados de los niños de una escuela de Baltimore con
sus "heridas de guerra". Por haber visto esa mañana *pole
dancing* de humo explotar al *Challenger*

3

Ayer velaron en mi cuarto a los siete pasajeros del *Challenger*.
La cifra es de 1000 en mi casa: campesinos negros, los
antiguos con el sol en el estómago, los esperanzados,
las que se colocan el entusiasmo sobre la cara para tirar
respuestas sobre el cansancio; los que solo conservan el
nombre en la memoria de sus desaparecidos. Debajo
del televisor dejaron un ramo de hortensias por los
trabajadores del acero en Utah.
Nadie quiso mencionar en el almuerzo las cifras de los
desaparecidos en Antioquia

4

Hoy el televisor está apagado y no hay pañuelos.
Nadie llora con el mismo domingo, con el mismo barro a
los muertos caseros. Los nuestros,
¿han perdido valor por la sobreabundancia? Omayra
hace las cuentas.
Eso fue hace ya 4 millones de asesinatos

ÍNDICE